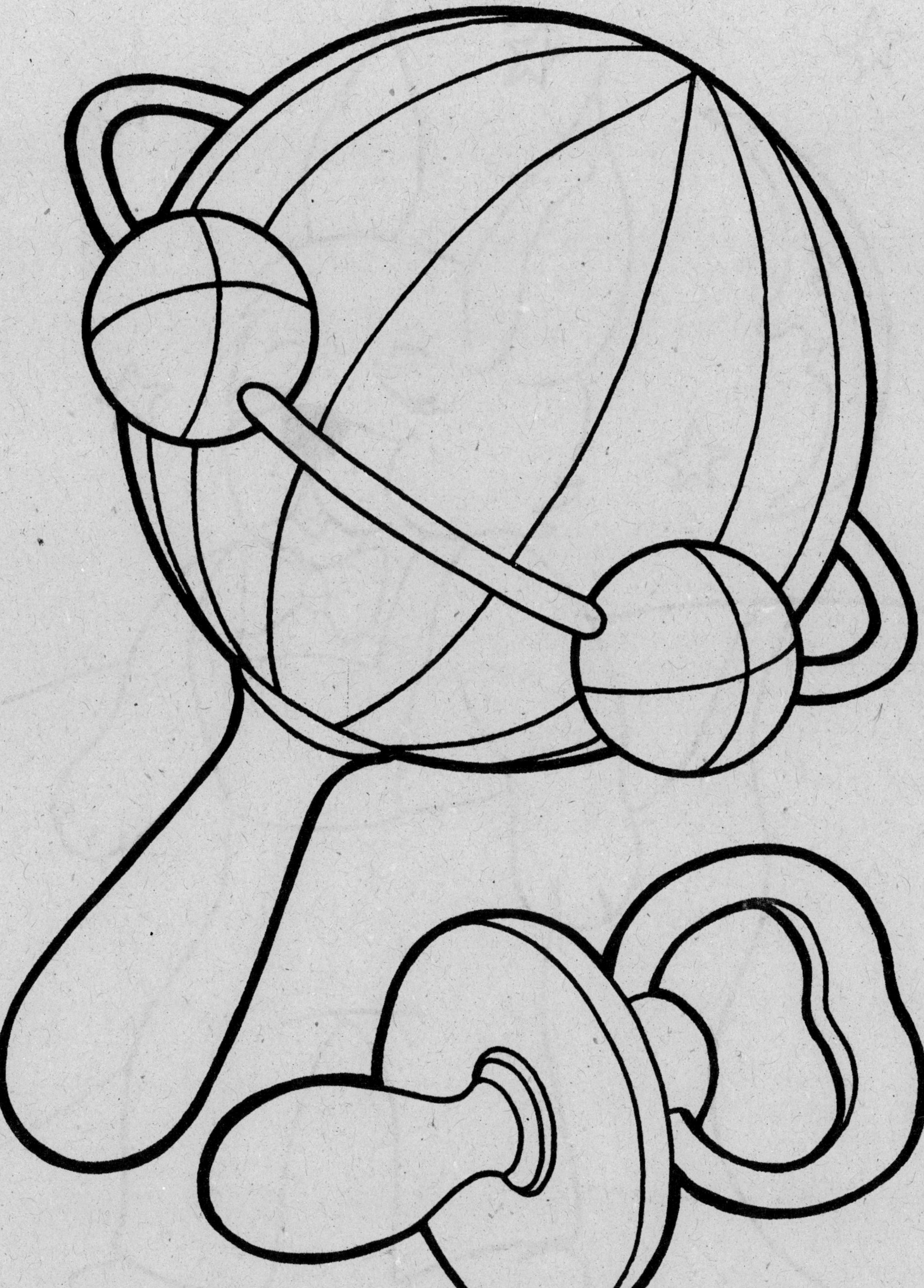

1 2 3
4 5 6
7 8 9
* 0 #

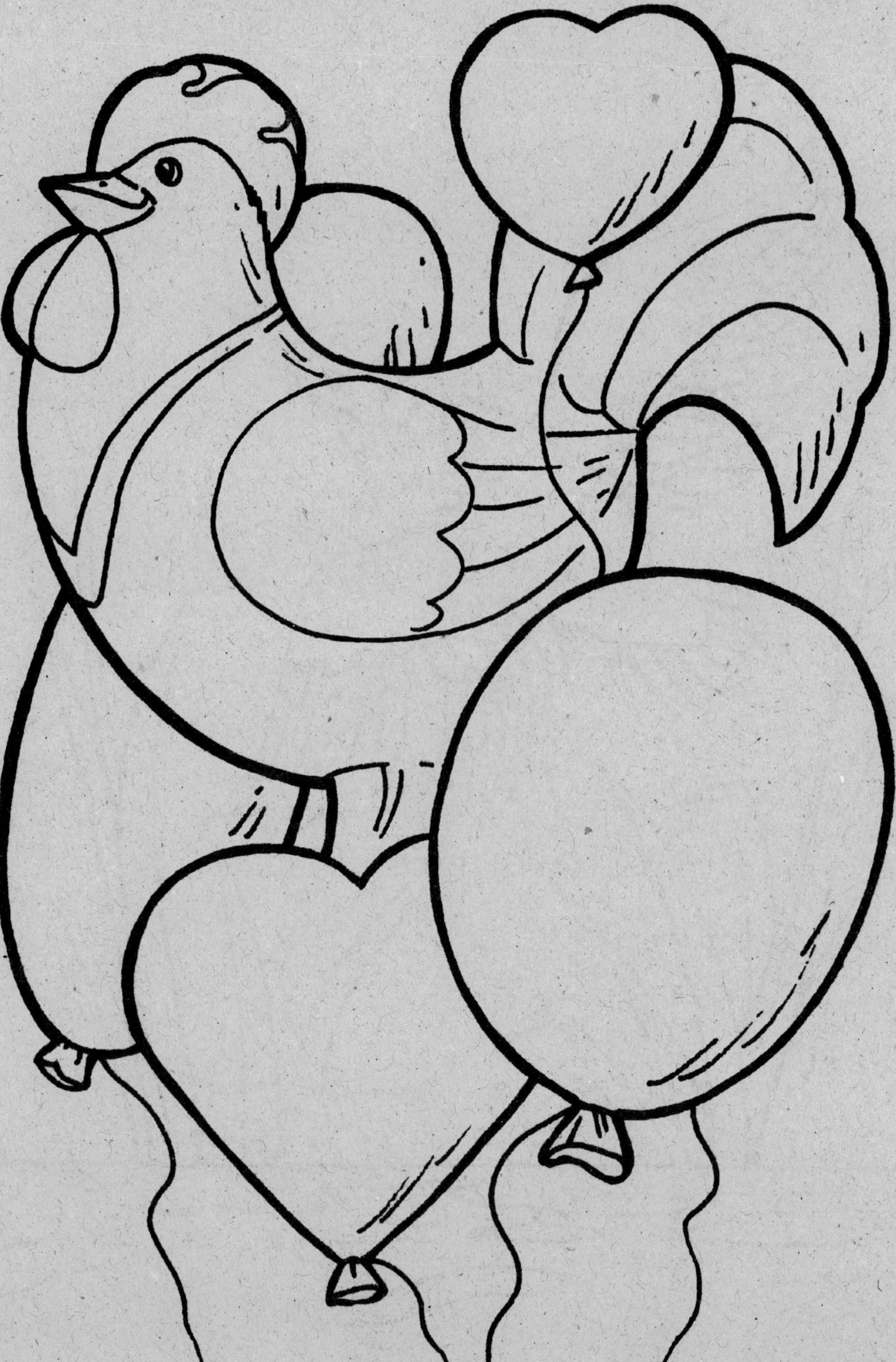

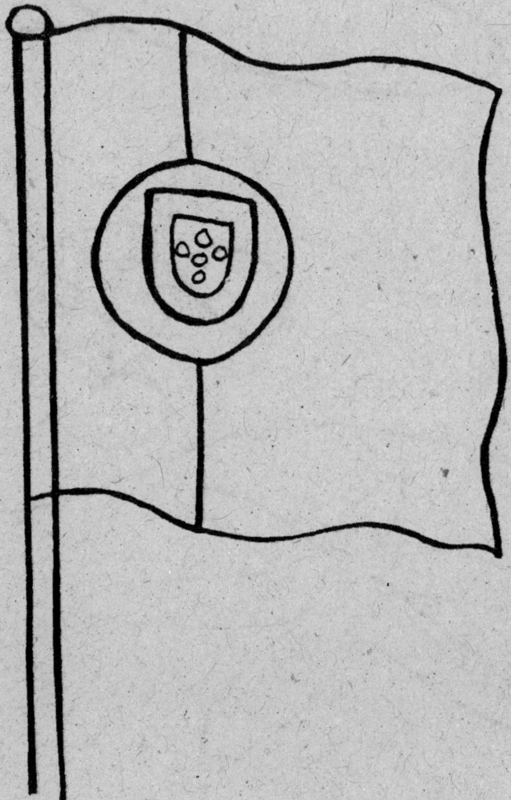

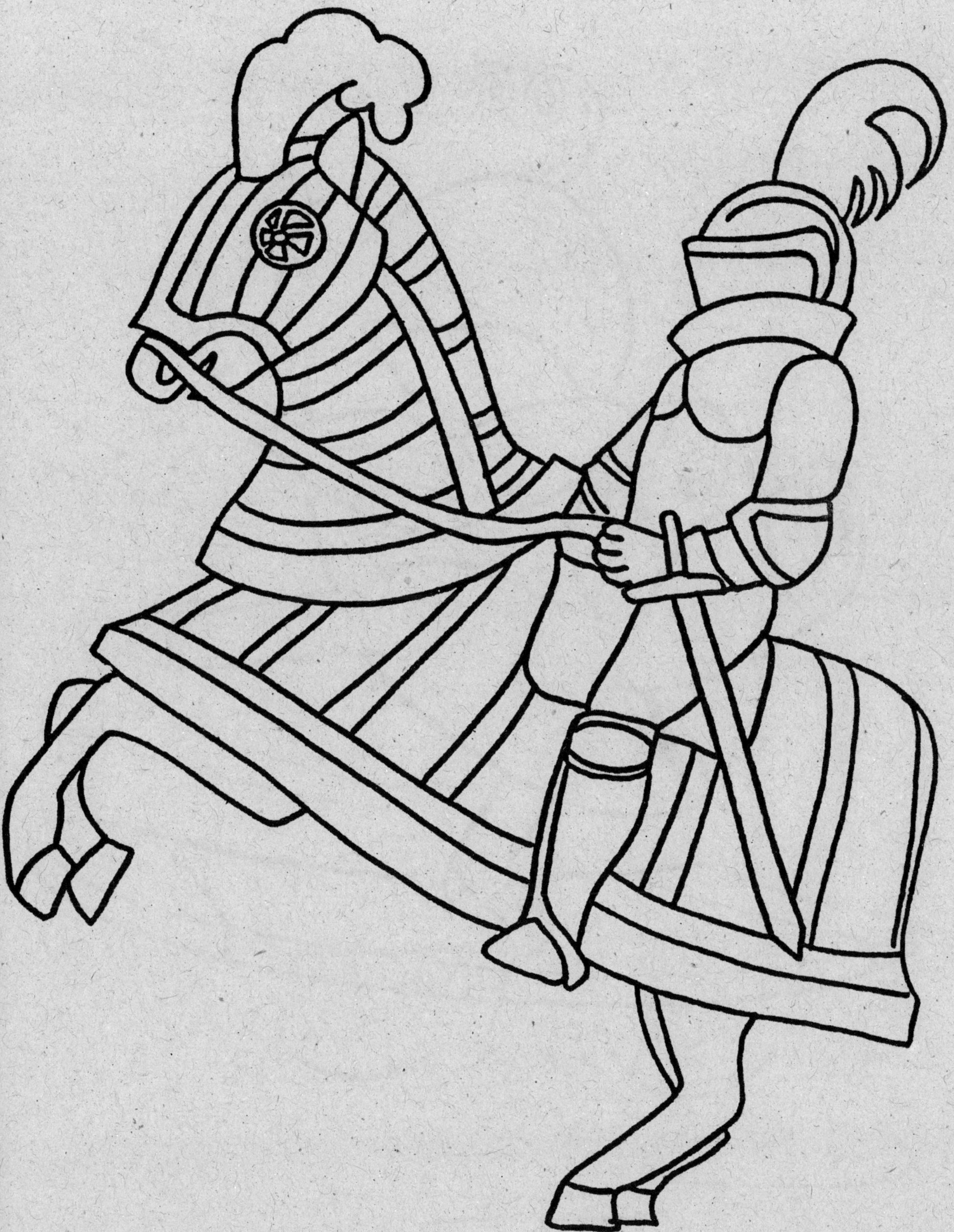

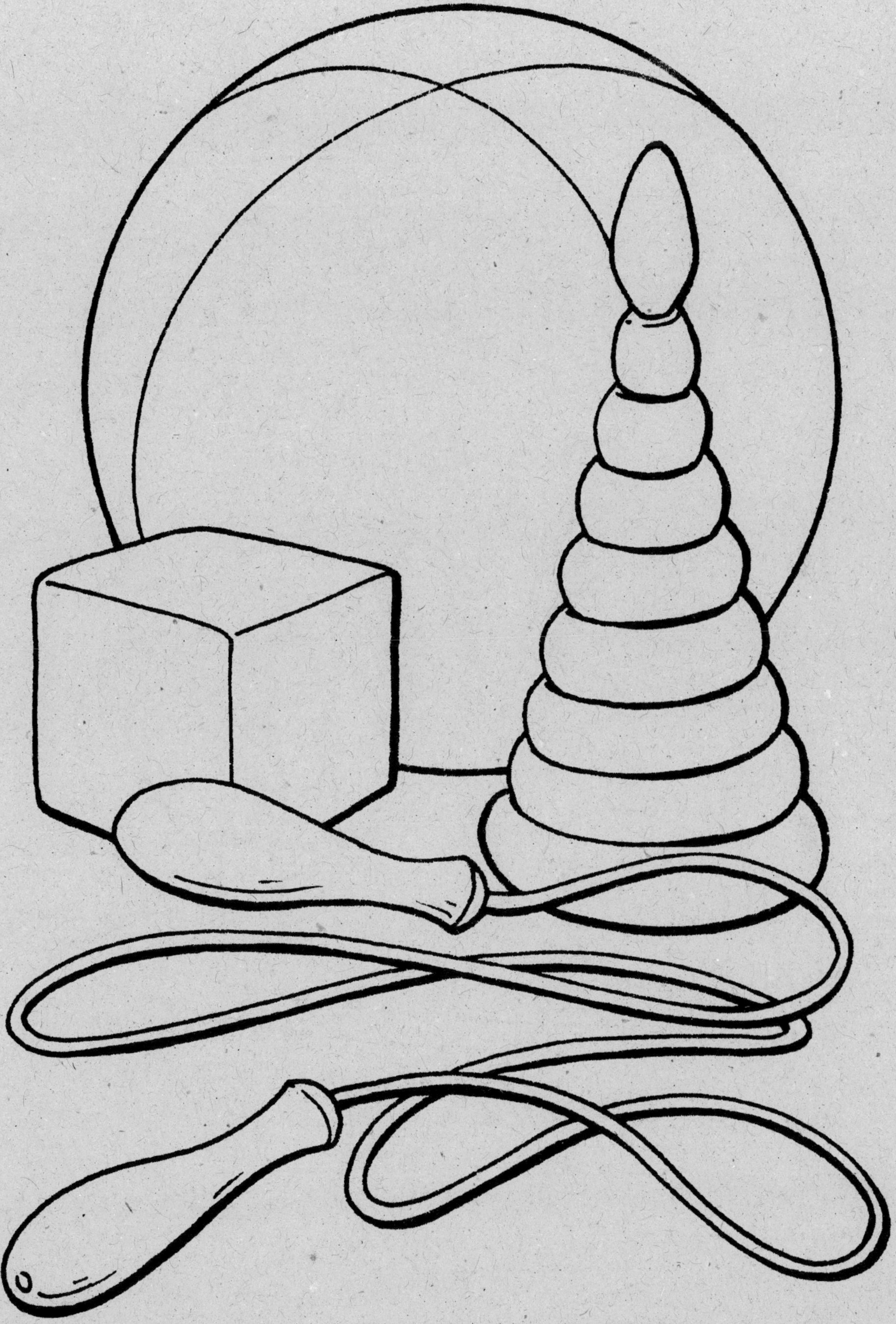

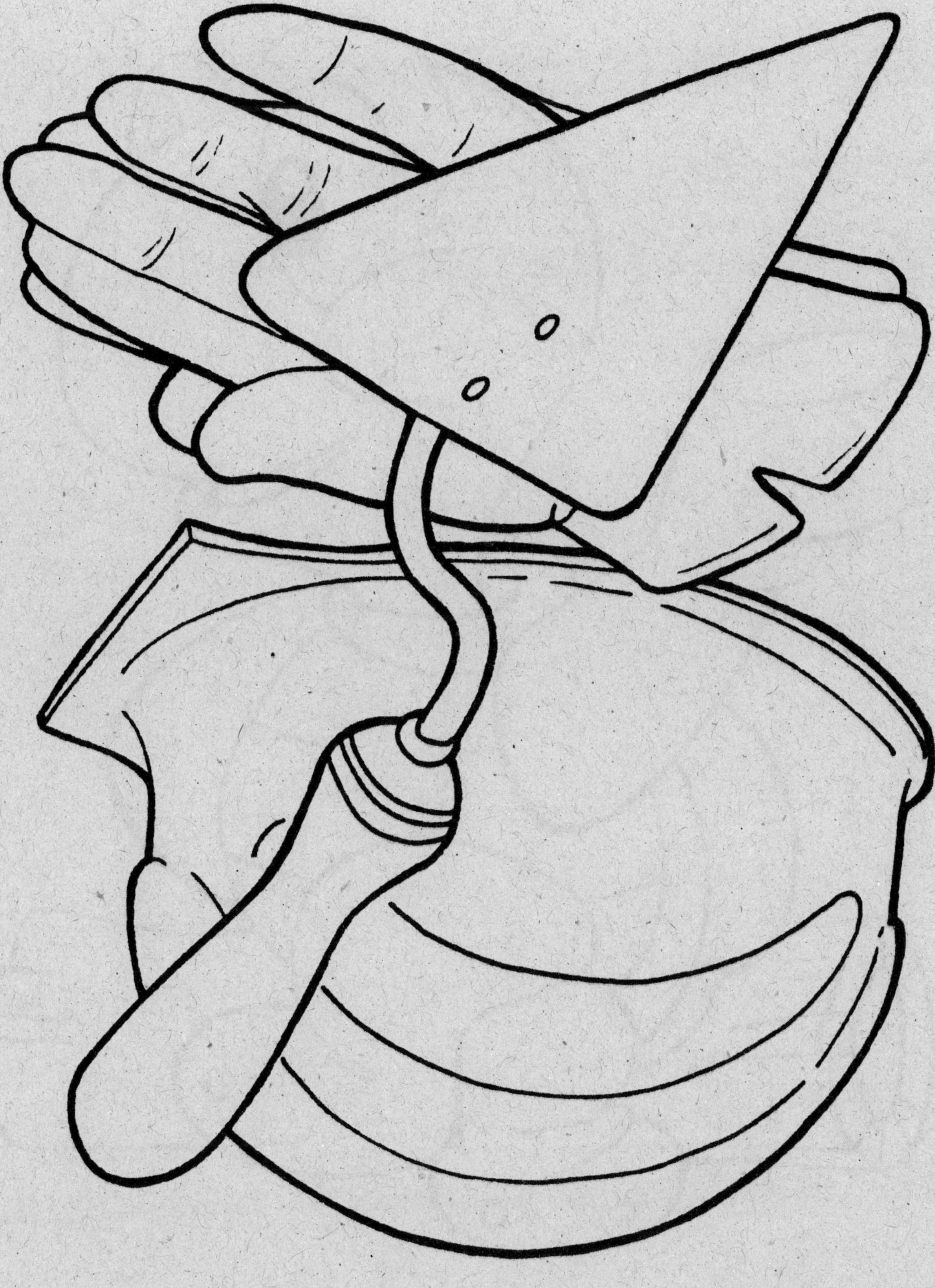

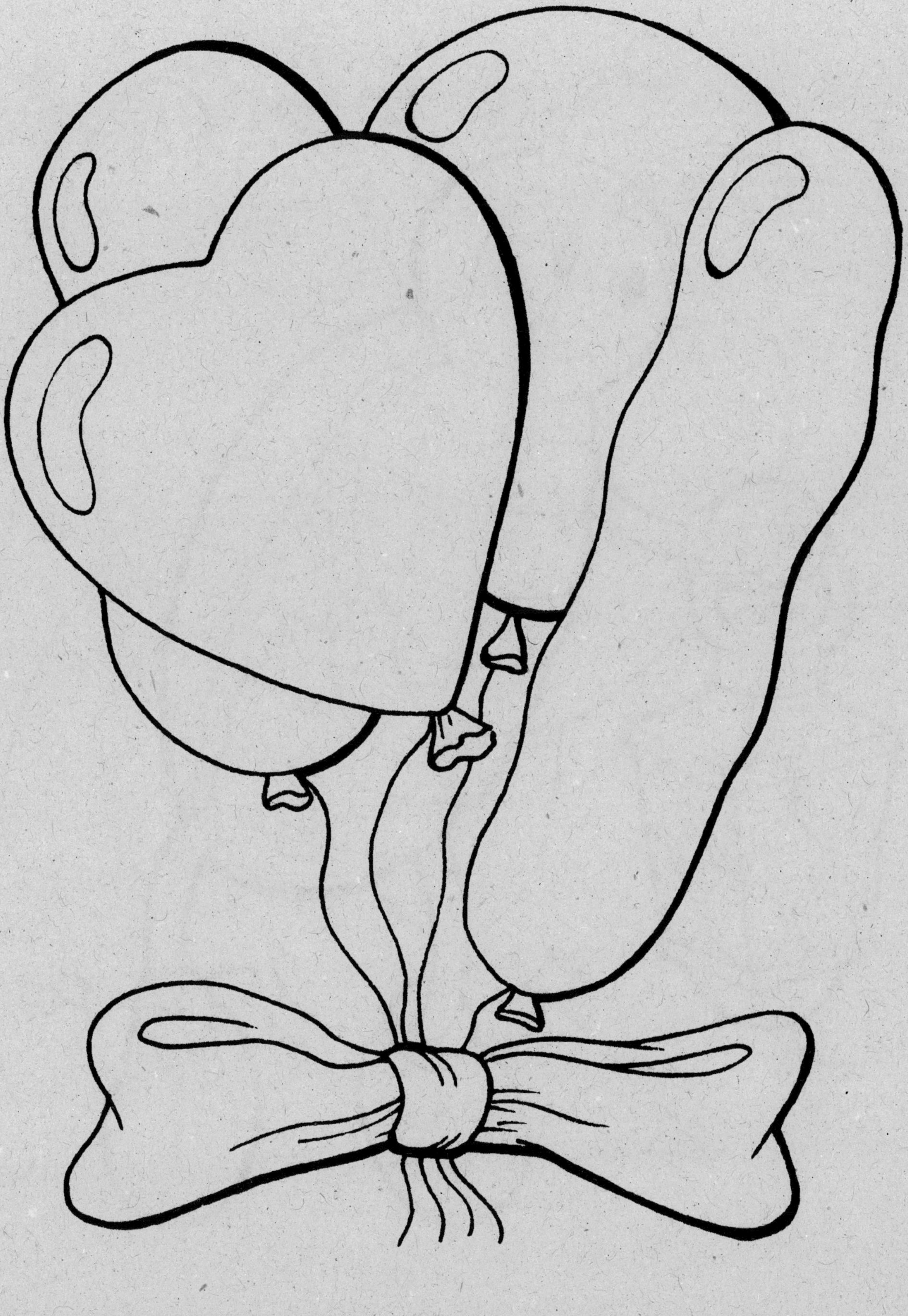

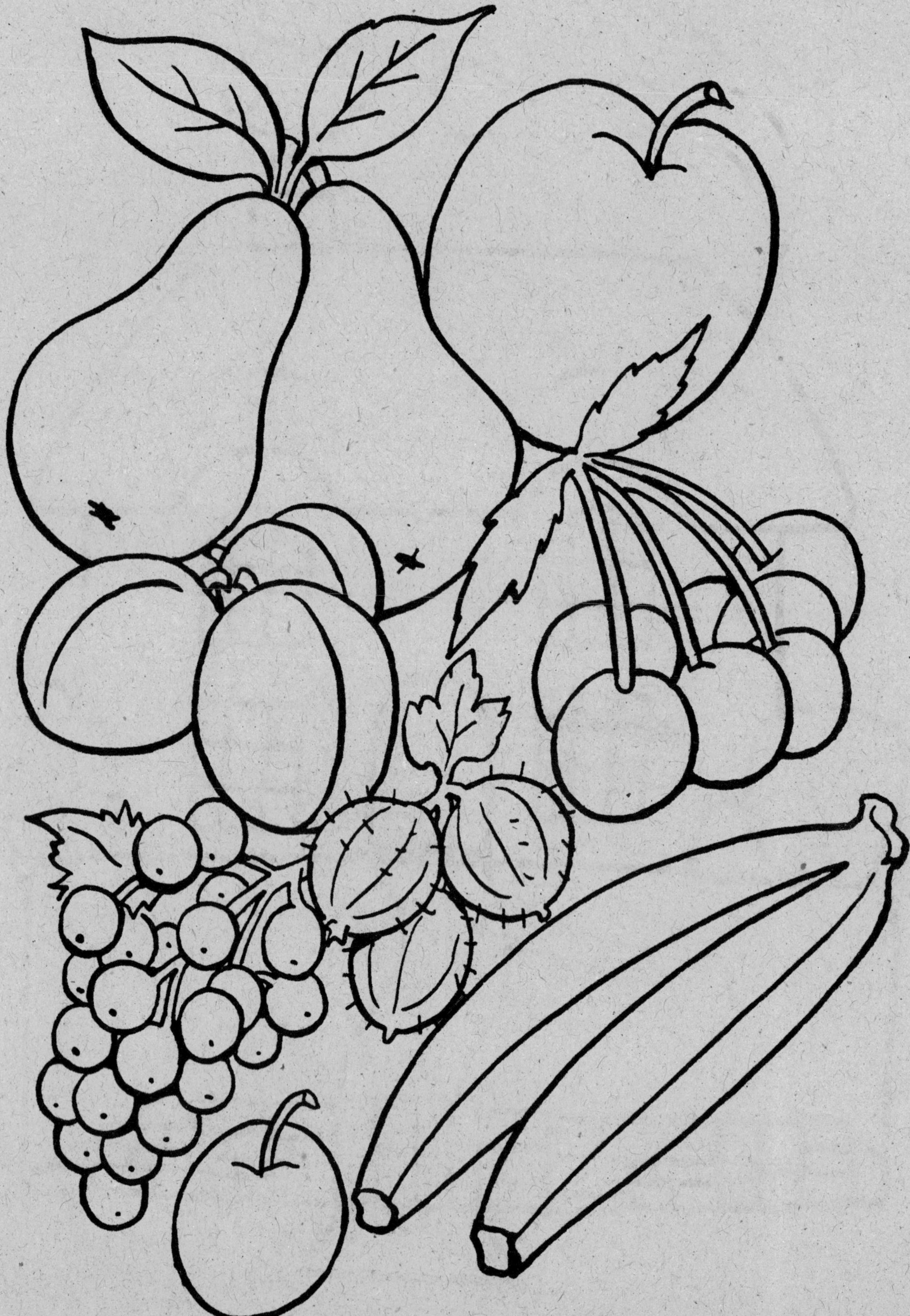